Markus Zinkl

Lebensspuren

Texte aus dem Leben

2015
Coverbild: Karin Zinkl

ISBN: 978-3-7392-1935-6

Herstellung und Verlag:
BoD - Books on Demand,
Norderstedt

Zuversicht

Herr hilf mir dir zu trauen,
meine Ängste abzubauen.
Herr hilf mir, mit deiner Stärke,
das ich sehe deine Werke.

Herr gib mir genügend Kraft,
die mir ohne dich erschlafft.
Herr gib mir genügend Mut,
das ich sehe du meinst es gut.

Herr hilf mir meine Mitte zu finden,
weise den Weg dorthin mit deinem Licht,
lass mich nicht so sehr an Ängste binden,
sondern gib mir eine neue Sicht.

Du bist aus dem Grabe auferstanden,
hilf auch mir wieder aufzustehen,
lass in mir die Wellen deiner Liebe
branden,
hilf mir ohne Misstrauen auf andere
zuzugehen.

Hoffnung

Meine Seele beginnt sich langsam zu
erheben,
schaut kurz links, rechts, geradeaus ins

Leben,
sieht Menschen die sie erst nicht
wahrgenommen.
In ihren Augen liest sie: „Willkommen".

Solche Menschen sind es die die Welt
prägen,
wie ein Sommer mit vielen Früchten nach
einem Regen.
Sie geben der Welt ein menschliches
Gesicht,
durch ihre Einfühlsamkeit, entfalten sie in
unserer Seele ein Licht.

Mut

Liebe Menschen sind mir begegnet,
Herzenswärme überall,
fühlte mich beschenkt, gesegnet.
Himmel auf Erden allemal.

Worte die Mut machten,
Worte die mich getröstet haben,
keine Welten mehr, die
zusammenkrachten,
sondern heilende Stärkung hoch und
erhaben.

Gesten die mich berührten
und zu anderen führten.

Stärkung

Melodien die berühren,
kann ich tief im Herzen spüren,
führen mich zusammen mit ihren Worten
zu heilsamen Orten.

Machen aus Traurigkeit Fröhlichkeit
und aus Angst Mut,
trösten uns in unseren Leid
und tun unseren Seelen gut.

Melodien können verbinden,
können uns bewegen,
können Grenzen überwinden
und gute Werte prägen.

Musik schafft Vertrauen
wieder aufzuschauen.

Pfingsten

Herr du hälst du Welt in deinen Händen.
Kannst du mit deinen Licht alle zum
Guten wenden?
Als Unterstützung schickst du
deinen Geist
im Gestalt einer Taube,
der uns mit seiner Kraft den Weg weist,
das alle Welt glaube.

Beten

Weißt du noch wie beten geht?
Wer dir dabei hilfreich zur Seite steht?
Wer nur für dich da ist, ganz exclusiv?
er bestätigt das in seinen Liebesbrief.

Wir beten alle verschieden.
Der eine redet mit Gott,
der andere bemüht sich um Frieden,
kommt dabei raus aus den
alltäglichen Trott.

Eine setzt sich für andere ein,
macht andere groß statt klein,
gibt einen ein gutes Gefühl,
in dieser Welt die doch sehr kühl.

Einer besucht dich im Krankenhaus,
hält deine Zweifel aus,
dadurch macht er dich reich statt arm
und deine Welt wieder warm.

Beten kann Berge versetzen
und noch so vieles mehr.
Gott wird uns niemals verletzen
er ist mit seiner Liebe mehr als nur fair.

Enttäuscht und erstaunt

Manche Menschen können verletzen,

viele Menschen können heilen.
Manche Menschen hetzen,
viele Menschen teilen.

Manche Menschen sind böse.
Viele Menschen sind gut,
haben Größe und Mut.

Manche Menschen sind schlimmer
als Tiere.
Viele Menschen sind uns von Gott
geschickt.
Manche Mensche nehmen uns auf die
Hörner wie Stiere.
Viele Menschen haben schon unsere
Seelen zusammen geflickt.

Manche Menschen sehen nur ihren
eigenen Vorteil.
Viele Menschen können sich für andere
freuen.
Manche Menschen zerhacken unsere
Träume wie mit einen Beil.
Viele Menschen beschenken uns mit
vielen Neuen.

Sie schenken uns den Glauben neu,
bleiben uns für lange treu.
Sie schenken uns den Weg zum Hoffen
halten den neuen Himmel für uns offen.

Fahrerflucht

Jetzt mal ehrlich,
die Welt dort draußen ist viel zu
gefährlich,
oft geht diese Gefahr von manchen
Menschen aus.
Aus diesem Grund traut sich mancher
gar nicht mehr aus dem Haus

Manche fahren extra mit dem Auto
einen an,
ziehen damit andere noch in ihren Bann.
Die Wahrheit wird umgekehrt
und dafür werden sie noch geehrt.

Lassen den Verletzten liegen,
ohne Scheu fahren sie weiter und weg,
behandeln die hilfsbereiten
Menschen schlimmer als Dreck.
Doch gibt es auch viele Menschen die
sind sofort zur Stelle
und damit für viele Menschen eine
kraftspendende Quelle.
Diesen vielen Menschen gilt mein ganzer
Dank von Herzen
Sie schaffen es manche Angst
auszumerzen.

Gott hat uns die Menschen auf Erden
gegeben

damit wir wieder vertrauen den Leben.

Gebetsweisen

Bist du wütend
schimpf mit Gott

Bist du sauer
schmoll mit Gott

Bist du sprachlos
schweige mit Gott

Bist du ratlos
frage Gott

Bist du mutlos
bitte Gott

Bist du traurig
wein mit Gott

Bist du hilflos
greif nach Gott

Bist du erschöpft
ruhe mit Gott

Bist du krank
gesunde mit Gott

Bist du arm
lass dich von Gott beschenken

Bist du alleine
sei Gottes Freund
Bist du fröhlich
danke Gott

Glaube

Ich lass mir meinen Glauben nicht rauben
Weder von Verleumdung noch von
Unrecht
Selbst wenn es geht mir mal
sehr schlecht

Mein Glaube ist dann kaum zu spüren
lass mich leicht zu anderen verführen
ich lass mir meinen Glauben nicht rauben

Nicht das ihr denkt jetzt an Sekten,
mit ihren seltsamen Gebahren und
Effekten
Ich lass mir meinen Glauben nicht rauben

Eher wird mein Glauben leider kleiner,
wie es dann in mir aussieht sieht keiner
Doch einer

Dieser ist es der mich trägt,
wenn mich das Leben erschlägt,

wenn Menschen so verrohen.
das sie andere bedrohen

Habt ihr ihn erkannt ,
wen ich hier meine,
sein Name ist allen bekannt
er wirft keine Steine.

Er führt mich sanft und behutsam
wieder zu sich hin
Mein Glaube wird stärker und ergibt für
mich wieder einen Sinn.
Er führt mich sachte an seiner
lieben Hand.
Bei mir wird er Gott genannt.

Mut zum schreiben

Mit diesem Text. will ich jeden Mut
machen,
der gern was schreiben will und sich
nicht traut.
Egal ob es was zum weinen ist oder zu
lachen,
lasst eure Zeilen klingen, ob leise
oder laut.

Es ist nicht so schwer, wie ihr
vielleicht denkt,
deshalb haltet euren Kopf hoch statt
gesenkt.

Ich kann mir vorstellen, ihr habt viel zu erzählen,
von schönen Dingen oder die die euch quälen.

Ihr werdet sehen, dass es euch helfen wird,
ungesagtes niederzuschreiben,
wenn man sich hat im Leben verirrt,
um nicht auf der Strecke zu bleiben.

Wie oft wird man sonst abgehängt
Und hat seine Hoffnung schon weggeschenkt.
Mit euren Zeilen macht ihr auch anderen Mut
Somit tut das schreiben uns allen gut.

Auch schönes und fröhliches hat seinen Platz
Und sei es auch „nur" in einen Satz.
Alle Genres dürfen es sein
und jeder darf hier mitmachen
Ob er jung, alt, groß ist oder klein.
lasst eure Kreativität erwachen.

Also los, den Stift in die Hand genommen
und bloß keine Angst
auch wenn du jetzt noch immer bangst
deine Zeit zum schreiben ist gekommen.

Prüfungen

Ich wünsche uns allen, dass wir uns
 mehr vertrauen,
unser Selbstbewusstsein statt ab
aufzubauen.
Das wir an unsere Stärken glauben,
dazu gehört auch, unsere
Ansprüche nicht zu hochzuschrauben.

Wichtig ist, das man weiß man hat sein
Bestes gegeben,
und denkt an das Gleichnis vom
Weinstock und den Reben.
Dort sagt Jesu: „Ohne mich könnt ihr
nichts machen."
Er wird auch uns helfen, bei allen
Sachen.

Prüfungen gibt es im Leben oft,
manchmal sind sie hart, manchmal soft.
Sei es in der Schule oder Universität,
insgeheim wissen wir wie man sie
be-und übersteht.

Denn wir haben Helfer an unsere Seite,
die sind Freunde, Engel, Gott und
noch mehr.
Deshalb fallen uns die Prüfungen und
mögen sie noch so hart sein
nicht schwer.

Glaub an dich und vertraue allen die auf
dich setzen.
Denn sie kennen dich und deinen Wert
und wissen dies zu schätzen.

Warum?

Warum gibt es Krieg und Streit?
Warum ist keiner zum Frieden bereit?
Warum gehen wir einander vorbei?
Warum fühlen wir uns zusammen
nicht frei?

Warum verletzen sich Menschen
so sehr?
Warum fallen uns gute Worte so schwer?
Warum treten wir immer auf die
Schwachen?
Wann hören wir nicht endlich auf,
ihnen das Leben zur Hölle zu machen?

Warum sind wir voller Gewalt?
Warum ruft keiner Stopp und Halt?
Warum wir es immer schlimmer?
Wann werden wir zum
Hoffnungsschimmer?
Warum sehen wir nicht in jeden den
gleichen Wert?
Hat Jesus uns nicht was anderes
gelehrt?!
Hat er nicht bei Kranken, Zöllnern und

allen gesessen?!
Hat er jemals nur einen von ihnen
vergessen?!

Jesus sprach: „Kommt her alle die müde
und beladen sind.
Ich nehme jeden von euch auf wie mein
eigenes Kind.
Du bist einmalig auf dieser Welt.
Selig ist wer sich nicht an mir stört und
die Treue hält".

Trotzdem

hingefallen
und doch wieder aufgestanden

verloren
und doch gewonnen

klein gemacht
und doch stärker geworden

wortlos
und doch wieder die Sprache gefunden

gezweifelt
und doch die Hoffnung nicht aufgegeben

enttäuscht
und doch wieder Mut gefaßt

fast ohne Glauben
und doch wieder von Gott besucht

Balance verloren
und doch fester Stand

beinahe gestorben
und doch wieder lebendig

blind
und doch wieder Augen für die Schönheit

von vielen falschen Freunden verraten
worden
doch wenige, wahre, echte Freunde die
immer zu mir halten

Wir warten

Wir warten auf den Advent,
der mit kleinen Schritten näher rückt.
Langsam geht die Zeit, anstatt das
sie rennt.
Ob uns auch diesmal wieder
folgendes glückt:

Wir erkennen den Sinn im warten,
besinnen uns wieder auf das was
wirklich wichtig ist
schauen durch Fenster in den Garten

und glauben und vertrauen darauf,
das das Jesuskind uns nicht vergisst.

Er kommt persönlich und ganz nah,
das ist nach Ostern das größte Wunder,
das je auf der Welt geschah.
Will uns alle zum Frieden leiten
gerade jetzt in diesen unruhigen Zeiten.

Er selbst schenkt sich uns hin.
So erhält der Advent und das
Weihnachtsfest seinen Sinn.

Lebendig

Lebensfrust
Lebenslust

Lebenshast
Lebensrast

Lebensrest
Lebensfest

Lebensblick
Lebensglück

Lebenssymphonie
Lebensmelodie

Lebensgeister

Spiele

Wenn ich spiele geht es mir gut,
weil dann meine Seele in mir ruht.
Ich spiele gerne zusammen, nicht allein,
dies lässt Begeisterung in mir
entflammen.
Hier darf ich sein.

Spielen ist mein Seelenstabilisator
und mein Lebensmotor,
egal ob ich gewann oder verlor.

Das Spielen verscheucht in mir trübe
Gedanken,
hier kann ich unerschöpfliche Kraft
tanken.
Gerät meine Welt auch ins wanken,
indem unter anderen meine Träume im
Meer versanken,
so hilft mir das spielen fast immer,
ist an meinen Horizont der
Hoffnungsschimmer

Gesellschaftsspiele ob online oder real,
sind für mich wie ein üppiges Mahl,
regen Geist an und Verstand,
entführen uns ins Träumeland.

Am Abgrund

Meine Seele liegt am Boden
ist dunkel und schwer
ich wünsche mir das lebensbejahende
Licht wieder her

Mein Körper ist da und auch nicht
braucht Zuspruch, Trost, Wärme,
Zuversicht

Mein Sein versteht viele Menschen nicht.
die sich hinter Masken, Fassaden
verstecken,
um Menschen guten Willens zu
erschrecken

Mein Wunsch eine Welt voller Harmonie,
die gibt es wohl nie.

Freude wo bist?

Freude wo bist du?
ich vermisse dich so sehr.

Find ich draußen, drinnen, in Aktion oder
in der Ruh,
wann kommst du wieder zu mir her?

Warte schon so lange,
versuche dich zu finden,

wieder in mir zu ergründen.
momentan ist mir noch bange.

Hoffe du kommst bald wieder zu mir
und hilfst mir mein Leben zu gestalten,
um wieder ein Lächeln auf meinen
Gesicht
zu entfalten,
das ich spüre du bist wieder hier.

Wie finde ich Ruhe?

Ruhe zu finden ist nicht leicht.
Ruhe für meinen Körper und Geist,
weil meine Gedankenwelt abweicht
und mich in ein tiefes Loch reißt.

Ruhe zu finden braucht Geduld und Zeit
aber mit einem Mal ist es soweit.
Du empfindest Ruhe für deine Seele
und fort ist für kurze Zeit alles was dich
quäle.

Du genießt die Ruhe und Stille
und trotzdem ist in dir eine Fülle.
Man kann es kaum beschreiben
am liebsten möchte man in diesen Land
der Ruhe und Stille bleiben

In dieser Ruhe bekommst du neue Kraft
geschenkt

Vom Schöpfer der dein Leben lenkt.

Angst

Meine Angst ist sehr groß
Was mich jetzt bloß?
Angst vor Menschen, Angst vor Plätzen
die mich tief in meiner Seele verletzen

Die Wunden sind groß und tief,
Albträume kommen, während ich schlief.
Nur Menschen mit guten Herzen können
dies erkennen,
auch möchte ich hier die Tiere nennen.

All diese zeigen mir, das die Welt nicht
nur ist schlecht.
Diese guten Herzen machen die Welt
gerecht.
Durch sie kämpfe ich mich Stück
Für Stück,
wieder in das Leben zurück

Will mich nicht mehr nur verstecken,
mich den neuen Tag entgegen recken
und so meine versiegten Kräfte wecken,
die nicht nur in mir, sondern allen stecken

Will versuchen euch Mut zu geben
um Freude zu haben an diesen Leben.

Demenz

Demenz hat vermutlich keine Fans
und zum Glück jetzt in den Medien viel
Präsenz.
Viele Menschen sagen mir ich kenns.
Meistens von Großvater und Großmutter,
es kann sein. wie ein langsam sinkender
Kutter

Die See ist zwar ruhig und still
und doch macht der Kutter nicht das was
er will.
Man sieht Wellen, wo keine sind
und spürt einen starken Gegenwind.

Wie können das andere verstehen?
Wer kann dies bloß frühzeitig sehen?
Währendessen sinkt für den Betroffenen
der Kutter weiter.
Man klammert sich an die letzte Leiter.

Die Sprossen der Leiter brechen Stück
für Stück,
bei einen langsamer, beim
anderen schneller
und doch wollen die Angehörigen für
sie Glück
und machen dadurch für sie die
eingeschränkte Welt heller

Gerüchte

Das Leben in der Stadt ist schwer,
das auf dem Dorf um noch soviel mehr.
Offen und ehrlich redet fast niemand hier
mit dir,
manche Menschen sind schlimmer als
irgendein wildes Tier

Hinter deinen Rücken geschehen viele
Dinge,
man lässt dich bewusst springen über
die Klinge.
Du bist Thema ohne zu wissen,
du wirst von fast allen in der Luft
zerrissen

Gerüchte nehmen schnell ihren Lauf,
dazu nimmt man bewusst dein Leben
in Kauf.
Stückchenweise dringen zu dir Sachen,
da würde vergehen jeden sein Lachen

Immer schlagen sie nur auf dich ein,
fühlen sich dabei groß und sind
letztendlich doch so klein.
Du besitzt die wahre Größe
und gibst dir keine Blöße.

Wer gibt dir die Kraft das durchzustehen
und im schlimmen noch das Gute zu

sehen.
Wer trägt dich durch diese schweren
Zeiten
und verringert dadurch dein Leiden.

Auch wenn es manchmal nicht
so scheint,
Gott wird dich niemals alleine lassen.
Er zeigt dass er es gut mit uns meint,
seine Größe ist für uns nicht zu erfassen

In Gedanken

Trauer umhüllt mein Herz,
fühlt mit den Angehörigen ihren Schmerz.
So etwas geht nicht spurlos an einen
vorbei
Und ich schrei:

Schrei mit allen,
die jemanden verloren,
den sie einst geboren

Schrei mit allen, die einst zueinander
fanden
Ihre Herzen vor kurzen oder langen
miteinander verbanden.

Nun sieht man sie oder ihn nicht mehr.
Die Tränen die wir weinen,
wiegen schwer

Schrei zu Gott
Warum nur warum
Doch ich spüre sein Schweigen
Er selbst bleibt stumm

Versuche eine Antwort zu hören
Werde still und leise
Gott redet auf seine Weise

Jetzt höre ich ihn weinen
Lauter als je zuvor
Mag es mal mir oder manchen mal nicht
so erscheinen
Er trägt ein Trauerflor

Er hört unsere Trauer unser Flehen
und egal wie schwer der Weg auch ist
und werden wird,
er wird uns immer Seite stehen und ihn
mit uns gehen.

Halte durch

Manche sehen nur dein außen,
finden dich stark und gesund,
doch brauchst du öfters Pausen
weil deine Seele ist wund.

Wer kann schon in dich hereinsehen,
mit dir fühlen und dich verstehen.

Du bist erschöpft und müde,
weil Menschen dich behandelten rüde.

Manche Tage sind für dich eine Qual,
oft kommst du gar nicht aus diesem
tiefen Tal.
Du steckst tief in einer Krise,
trotz alledem nicht aufgeben heißt deine
Devise.

Ich wünsche dir das du stehst ein mal
mehr auf
als das du hingefallen bist
und hoffe darauf
das du dies nicht vergisst.

Behörden

Wer kennt dies bei manchen Behörden
wohl nicht.
Es kommt so vor das manche sind nicht
ganz dicht.
Die linke Hand weiß nichts von der
 rechten
und die Bürger müssen um ihr Recht
kämpfen und fechten

Obwohl alle Unterlagen vorliegen.
werden trotz allen leider manche
Machenschaften siegen
und die Bürger müssen sehen wie sie

das selbst hinkriegen.
Dies ist oft ein langer steiniger Weg,
man kommt sich vor wie auf einen zu
schmalen Steg.

Machenschaften scheint vielleicht zu hart
und doch wird nicht mit mach
Merkwürdigkeiten gespart.
Es wird versucht einen irre zu machen
Dies ist wahrlich nicht zu lachen.

Oft helfen einen da nur die Medien
explizit das Fernsehen,
wie dies schon oft geschehen,
dann gehen Dinge, die angeblich
unmöglich sind
und das dann auch noch sehr geschwind

Nachbarn

Was es nicht alles für Nachbarn gibt
mehr als einen vielleicht beliebt
ich meine nicht die die füreinander
da sind
sondern die sich benehmen wie mach
miesgelauntes Kind

Sie stecken ihre Nase rein wo sie nicht
reingehört,
fühlen sich von vielen sehr gestört.
Der Rasen sei so hoch, das Unkraut

ist zuviel
so was ist doch kindisch und hat
keinen Stil,

Die Hecken und Bäume gehören
geschnitten.
Diese Nachbarn zerstören statt zu kitten,
denken nicht an die Brut und Nestzeit
als hätte man selbst nicht schon
genug Leid.

Sie versuchen wo es geht einem Befehle
zu geben
und erschweren einen noch mehr
das Leben.
Sie suchen nur um was zu finden,
nicht nur im Garten sondern auch
persönlich
sie versuchen die Seelen zu schinden
und kennen das folgende Wort nicht:
versöhnlich.

Auch hoffe ich das ich nicht zu
solchen Nachbarn zähle,
und Körper und Geist verbinde und nicht
quäle.
Ich möchte helfen und heilen
und meine Hilfe mit anderen teilen

Begleitung

Engel sind leise und weise,
kommen zu dir her,
du kannst sie nicht erkennen,
weil dein Herz ist so schwer.

Sie machen dir Mut, niemals aufzugeben
wieder teilzuhaben am Leben.
nehmen dich in ihren starken Arm
und es wird dir plötzlich ganz warm.

Schutz in der Nacht

Ich wünsche mir in der Nacht,
einen liebenden Engel der meine
Träume bewacht,
der mich mit seinem Gewand umhüllt
und damit meine Ängste stillt.

Ein Engel von oben geschickt,
der direkt auf mich blickt,
der die Nacht durchwacht
und mich gut träumen lässt ganz sacht.

Ein Engel der Schutz mir gibt,
weil er mich mit seinen Flügeln umgibt
der zu mir spricht:
„Hab keine Angst, schlaf gut und fürchte
dich nicht".

Bücher, Bücher

Mir gefällt es sehr,
das trotz aller Ablenkung durch die
heutige Zeit,
noch viele Bücher gelesen werden.
Wir erleben durch die Geschichten eine
Freiheit,
um schwarz weiße Erinnerungen wieder
zu färben.

Wir können in die Zukunft reisen
oder in vergangene Zeiten.
Geschichten können uns eine Richtung
weisen
und uns manchen Weg leiten.

Bücher können unsere Seelen erreichen
und unsere Herzen erweichen.
Seite für Seite lesen wir weiter,
manche Texte sind traurig
oder heiter.

Unterschiedlichste Themen sind in den
Büchern zu finden
und ich bin überzeugt so lange es gute
Texte gibt,
die einen fesseln und die man liebt,
werden Bücher nicht verschwinden.

Licht sein

Wie wird aus dunkel Licht?
Wie bleibt die Welt in Gleichgewicht?
Durch unser handeln, tun und denken,
wenn wir alle, und nicht nur wenige,
unsere Liebe verschenken.

Wie hindern wir andere daran Lügen
zu verbreiten?
Wie können wir den Teppich der
Wahrheit ausbreiten?
Dies geht nur, wenn Gott unsere
Herzen lenkt
und jeden von uns, seinen Frieden im
inneren schenkt

Wenn wir alle mit Gott im reinen sind,
wissen wir, das unser Leben und die
Welt gewinnt.
Erst dadurch wird das Leben lebenswert.
wenn wir wissen, was ist wirklich wahr
oder verkehrt.

Wir zeigen die schöne Seite der Welt
und helfen jeden auf der fällt.
Macht eure Herzen ganz weit auf,
denn Gott uns deine Mitmenschen
freuen sich darauf.

Unbezahlbar

Über Freunde habe ich schon einiges
geschrieben,
die die dich so lieben wie du bist.
Sie kennen dich oft besser als du selbst,
halten dich fest während du fällst.

Sie sind da in Freude und Leid,
nehmen sich für deine Erfolge und
besonders Probleme viel Zeit.
Sie kämpfen für dich, wenn deine
Kräfte schwinden,
solche Freunde sind nicht leicht zu
finden.

Sie geben dir, selbst wenn sie kaum was
haben,
durch sie erstrahlt deine oft dunkle Welt
in hellen Farben
und eines bleibt für immer wahr:
Echte Freunde sind unbezahlbar.

Denk auch mal an dich

Du warst immer für jeden da.
egal ob er fern war oder nah,
du hast dich für andere aufgerieben,
hast solche Sachen nie aufgeschrieben.

Du hast geholfen mit

Selbstverständlichkeit,
ob jemand war in Not und Leid,
ob er krank oder gesund,
wenn es mal bei anderen lief nicht rund.

Jetzt bist du selber krank,
bekommst kaum Dank.
Doch spürst du die wenigen, die jetzt sind
für dich da
deine Augen sind nicht mehr so trüb
sondern klar.

Freunde die dir wieder helfen auf die
Beine zu kommen.
Manchmal sind es nicht immer die
ganz frommen,
die meinen nur mit guten Taten in den
Himmel zu kommen,
und sich im Glanz ihrer
Ruhmestaten sonnen

Freunde die dir helfen auf dich zu
schauen,
die nicht versuchen, dir dein
Selbstbewusstsein zu klauen
Freunde die dir wieder Mut geben,.
das du wieder mit Hoffnung schaust auf
dein Leben

Darum nimm dir Zeit für dich.
Dies macht dich wieder glücklich..

Falsche Freunde

Freunde kommen und gehen,
die meisten Freundschaften verwehen,
weil irgendwann sieht man ihr wahres
Gesicht.
halten einen für nicht ganz dicht.

Sie glauben nur, das was sie
glauben wollen.
Gerüchte wie Steine einen überrollen,
bis du dies merkst ist es schon zu spät
und du erschreckst was so alles hinter
deinen Rücken vorgeht.

Ich lobe mir die **wahren** Freunde, die zu
mir stehen
mit mir durch alle Lebenslagen gehen.
Egal was andere über dich sagen und
hören.
Sie werden dich immer im Herzen tragen
und **keiner** kann diese **wahren**
Freundschaften zerstören.

Wahre Freunde

Wahre Freunde sind schwer zu finden.
Wenn du sie gefunden hast,
helfen sie dir deine Ängste zu
überwinden,

tragen mit dir deine Last

Wahre Freunde kennen dein Außen,
besonders dein innen,
kehren dies nicht nach draußen,
mit ihnen wirst du immer gewinnen.

Wahre Freunde sind immer für dich da,
egal ob bei Tag oder Nacht,
sie kommen deinen Herzen immer nah,
helfen bei Trauer, das deine Seele
wieder lacht.

Wahre Freunde kannst du nicht kaufen,
sie geben ohne etwas zu erwarten.
Wenn du rufst kommen sie sofort zu dir
gelaufen,
helfen sogar im Haus und Garten.

Wahre Freunde geben dir ihre Zeit.
Seele, Herz und noch viel mehr.
begleiten dich egal wie weit.
Gott dafür danke ich dir sehr.

Weniger ist mehr

Auf meinen Weg wurde ich von vielen
begleitet,
wenige von ihnen sind nur noch
geblieben,
haben vor mir diese Welt ausgebreitet,

geholfen trotz Widrigkeiten das Leben zu
lieben.

Zu meiner Mutter kann und darf ich
jederzeit kommen,
sie gab mir mein Rückgrat zu meinen
Entscheidungen zu stehen,
ist mit Freunden auch schon mit mir
gegen den Strom geschwommen,
gab mir die Stärke mein Fähnchen nicht
nach den Wind zu drehen

Sie vererbte mir viele Talente.
Angefangen vom sozialen bis
zum schreiben
wüsste wenig wo ich so ein Vorbild fände.
Will ich sein und bleiben.

Sie zeigt mir wofür ich manchmal
bin blind,
öffnete meine Augen für die schönen
Seiten im Leben.
lernt mich sie zu sehen wie ein Kind.
Gott schenkt ihr, mir und uns allen dazu
seinen Segen

Liebe Mama

Liebe Mama,

heut zu deinem Ehrentag,

will ich dir sagen, wie sehr ich dich mag.
Du bist die wunderbarste Mutter auf
der Welt
und für mich ein weiblicher Held.

Als ich und meine Freunde noch kleiner
waren,
hast du uns zu jedem Hobby gefahren,
egal ob Leichtathletik, Voltigieren,
Fussball und Co.
Darüber war und bin ich sehr froh.

Später gabst du alleine auf mich acht,
hattest dabei bestimmt manch
schlaflose Nacht,
Ich hoffe du hattest es nicht allzu schwer,
doch du gabest deine grenzenlose Liebe
und noch so vieles mehr.

Für mich bist du ein Engel auf Erden,
das wirst du jetzt bestimmt wie immer
bestreiten,
doch ich lass mich dadurch nicht ins
Gegenteil verleiten
und danke dir mit Verbeugen als
Gebärde.

Mütter

Mütter sind wichtig,
das ist wahr und richtig,

verstehen unsren Schmerz
und sehen direkt ins Herz.

Egal ob wir was leisten oder nicht,
sie hören wenn unsere Seele spricht.
Ihnen müssen wir nichts mehr beweisen,
keine Wände und Mauern einreißen.

Und läuft es manchmal gar nicht rund
Denn manche Kinder treiben es
wirklich bunt.
Ich denke da an Pubertät und andere
Sachen
bei so was vergeht mancher Mutter
sicher das Lachen.

Doch nicht für lange
deswegen keine Bange
Mütter lieben ihre Kinder immer
Auch wenn sie manchmal sind
Bestimmer.

Diese Liebe lässt uns alle leben
sie übersteht jedes einzelne Beben
auch können sie verzeihen und vergeben.

Wie können Mütter dies alles schaffen
Wenn die Welten zwischen Müttern und
Kindern auseinanderklaffen,
dies geht nur mit Gottes großem Beistand
und an Jesus seiner schützenden Hand.

Diesen Glauben gaben sie uns weiter,
der uns getrost sein lässt und heiter.
Nur mit Gottes Hilfe können wir die Welt
bewegen
er gibt uns seinen reichen Segen

Dienstag

Ich gehe gern in unseren Garten,
sehe Rosen, Blumen andere Arten,
sie stehen morgens frühe auf,
schicken ihren Dank an ihren Schöpfer
hinauf.

Ich staune über deren Vielfalt
und fühle mich wieder jung als alt,
sie zeigen uns wie schön diese Erde ist
und sie traurig wenn man dies vergisst.

Wie schön wäre diese Welt
ohne Kämpfe, ohne Kriege,
denn in Herzen wollen doch alle,
das endlich überall der Friede siege.

Mittwoch

Wenn wir uns das Wasser ansehen,
können wir es manchmal nicht verstehen,
das es Leben spendet und erhält,
zum Beispiel zur Taufe in dieser Welt.

Wie wohltuend ist es dies zu schmecken,
lässt alle Lebensgeister in uns wecken,
nach den Sport, nach der Arbeit
hat man Wasser schon bereit.

Wir können Gott nur danken
für diese Quelle des Lebens,
er schützt die Welt auch beim wanken
und sagt ihr lebt nicht vergebens.

Donnerstag

Was sich nicht alles so entdecken lässt,
hier und dort ein Vogelnest,
gebaut aus vielen Blättern und Ästen
und vielleicht auch aus manch
weggeworfenen Resten.

Sehr akkurat und filigran,
Jesus hält darüber schützend
seinen Arm.
Er zeigt der Vogelmutter,
wo sie für die Kleinen findet das Futter.

Schaut euch die Vögel auf den Feldern
an sagt Gottes Sohn
Sie säen und ernten nicht
Doch sie erhalten ihren Lohn.
jeder Vogel bekommt sein Leibgericht.

Freitag

Die Sonne scheint durch mein Fenster,
vertreibt aus meinen Träumen alle
Gespenster,
ihre Strahlen berühren mich zärtlich
ihre Sanftheit merke ich.

Mein Zimmer wird wärmer und heller,
die Sonne durchdringt mich langsam,
dann immer schneller,
von Kopf bis Fuß ganz,
mit ihren wunderschönen Glanz.

Gott lässt die Sonne für uns alle
scheinen,
will uns dadurch trösten beim weinen
er streichelt uns ganz sacht,
was in uns wieder Freude entfacht.

Samstag

Gott schuf die Erde schön und
wunderbar,
wir sahen es von Jahr zu Jahr,
doch ist sie auch verwundbar,
nachdem was bisher alles geschah:

Öl in Wasser und auf Straßen,
Rohstoffverschwendung über alle Maßen,
haltbare Lebensmittel werden

weggeschmissen,
lässt Wertschätzung an der Natur und
ihren Gaben vermissen

Menschen hört wie die Erde und jedes
Tier klagt:
„Bisher habt ihr leider versagt.
Bitte erhaltet Gottes Welt
Das sie auch noch den zukünftigen
Generationen gefällt".

Sonntag

Tiere gibt es noch auf dieser Welt,
doch sind ihre Zahlen zurück geschnellt.
manche Arten gibt es schon nicht mehr
dies ist alles andere als fair.

Wasser wird verschmutzt,
Luft wird verpestet,
die ganze Natur ausgenutzt,
Tiere bis zum Tode getestet.

Es ist wahrlich ein Graus.
Wie kommen sie aus dieser Spirale
heraus?
Wir alle müssen anfangen umzudenken,
um Tieren ein gutes Leben zu schenken

Montag

Der Himmel malt mit Wolken schöne
Bilder,
mal etwas ruhig mal etwas wilder.
Es entstehen tolle Formen,
nicht geregelt durch bestimmte Normen

Hier und da ein Pinselstrich,
egal ob groß oder klein.
Extra gemalt für dich und mich
Mal grob mal fein.

Staunend sollten wir dies betrachten
und nicht was Gott geschaffen hat
verachten
Er zeigt uns seine Größe durch seine
Taten
Wir dürfen seine Welt nicht achtlos
verraten.

Ansichtssache

Manche wollen immer mehr,
wo kommt diese Gier bloß her?
Liegt es daran, das sie es anders nicht
kennen.
Auch könnte man noch einen anderen
Grund nennen:

Auch kann man so was in Fernsehen

sehen,
wo Reiche mit ihren Reichtum prahlen.
Was ist wohl mit deren Seelen?
Ich kann es nicht fassen, das sie so
was noch ausstrahlen.

Gehört habe ich mal,
nicht der ist arm, der wenig hat,
sondern wer nicht genug
bekommen kann.
Wichtig ist doch das man gesund ist
und satt,
das wir mit uns im Frieden sind,
jeden Augenblick genießen
wie ein Kind.

Laßt uns lernen wieder mehr zu danken
Fällt es manchmal auch sehr schwer,
besonders wenn wir sind krank,
wir schlechte Erfahrungen machen
dann gerät unsere Welt ins wanken.
Beim danken gilt nicht weniger ist mehr.
doch dies Motto gilt bei Streit und Zank,
wir sollten viel mehr lachen.

Quelle des Zitates: Jean Guéhenno

Frieden

Nach Frieden sehnen sich doch alle,
trotzdem sitzen wir in einer

menschlichen Falle,
denn Frieden beginnt schon im kleinen,
von dort fängt er erst an zu keimen.

Frieden beginnt schon bei sich selbst,
das du mit dir im reinen bist und dir so
gefällst,
dann kommt das nächste große Stück,
denn wie oft zerstören unnötige Kämpfe
das Familienglück.

Wie ihr lesen könnt und seht,
ist das schon eine große Leistung,
zu sehen, das der Friede besteht
trotz diesen Schritten Achtung:

Friede ist zerbrechlicher als Glas,
wie schnell stehen wir vor Scherben,
beim Aufrüsten geben wir soviel Gas,
machen wir so weiter, wird die Erde
sterben.

Jeder hat ein Recht zu leben.
Jeder Mensch hat den gleichen Wert,
die Welt hat uns schon soviel vergeben,
unsere Trümmer des Lebens immer
wieder weggekehrt

Mein Traum ist Frieden für die
ganze Welt.
Darum bete ich und glaube,

das sich der Frieden erhebt,
wie ein Phönix aus dem Staube.

Dieser Frieden ist ein größerer als
ihn den die Welt gibt
dies sagte Jesus, der die Welt seines
Vaters beschützt und liebt.

Rücksicht

Heute in unserer Zeit merke ich das
immer mehr,
Rücksicht und Achtsamkeit sind sehr
seltene Gaben,
war diese zu üben in früherer Zeit auch
so schwer
oder war man stolz darauf diese zu
haben?

Heute wird geschubst und gedrängelt,
man wird gestubst und gegängelt,
überlaufen und niedergerannt
viele fühlen sich als wären sie verdammt.

Früher war mit Sicherheit nicht alles
besser,
doch heute regiert meiner Meinung nach
sehr oft das Messer.
Klar früher gab es auch manche
Grobheit,
doch bestimmt weniger als in unserer Zeit

Ich wünsche mir mehr Rücksicht für
heute und immer
und zwar überall nicht nur im eigenen
Zimmer.

Segen

Ich wünsche euch von Herzen
Gottes Segen.
er soll euer Leid,
wie der Wind die Blätter wegfegen,
soll euch viel Gutes bringen
euer Leben soll gelingen.

Dieser Segen soll gelingen,
euch befreien aus den Schlingen,
die andere euch stellten
und so ihr Urteil über euch fällten.

Dieser Segen zerstöre alles was
dich quält,
soll gedeihen wo die Liebe fehlt,
soll sich ausbreiten in der oft kalten Welt,
denn er ist wertvoller als alles Geld.

2. Segen

Beim überlegen was ist alles ein Segen,
fallen mir viele Dinge ein,
hier sollen nur einige genannt sein

Beginnen möchte ich bei meiner Mama,
sie ist wie helles Licht in der
dunkelsten Kammer,
durch dieses Licht bekomme ich
neuen Mut
und ich spüre wie meine Seele dann
im Gleichgewicht ruht.

Auch können Tiere ein Segen sein,
sie sehen dein Schmerz und deine Pein
sie streuen und glauben keine Gerüchte,
für manche Menschen sind dies ja
wie Süchte

Bücher die wir lesen und schreiben,
wie ein Segen in unseren Herzen bleiben,
sie stärken uns mit einen heilenden Kraft
es gibt noch soviel was dies noch schafft.

Zum Ende hin möchte ich euren
Blick lenken,
auf Gott und seine Engel die uns
beschenken,
sie lassen dich nicht allein und sind
dir treu
helfen dir bei allen täglich neu.

Vom Wort zur Tat

Worte können sehr verletzen.
Menschen über Menschen hetzen.

Worte können heilen,
wenn wir sie mit Kranken teilen.

Worte können Leben zerstören,
wenn wir die leisen Töne überhören.
Worte helfen über schwere Stunden,
verbinden unsere äußeren und inneren
Wunden.

Worte bereiten uns oft Schmerzen,
treffen unsere Seelen, unsere Herzen,
manches Wort ist zu wenig, manches
zu viel.
Das richtige Maß zu finden, muß sein,
ein jeden sein Ziel.

Gerade die die Worte brauchen,
hoffen das sie sind nicht leer,
das sie nicht ins leere laufen
wenn das Lebenslast zu schwer.

Hoffen das die Worte tragen,
das sie spürbar werden in der Tat,
die uns hilft, das Leben wieder zu wagen,
dann fängt an, zu wachsen eine
gute Saat.

Laßt uns nicht länger hinter manchen
Worten verstecken,
manche eingeschlafene Tatkraft wieder
neu erwecken.

Gott gibt jeden die Kraft die nötig ist,
so das jeder die Fahne der
Menschlichkeit hisst.

Währungsreform mal anders

Manche hängen sehr an ihrem Geld,
weil ihnen nichts anderes besser gefällt.
Ihr Geld würde für viele reichen,
aber erst muss ihre Gier, nach immer
mehr weichen.

Andere haben fast nichts im Leben
und haben uns schon so viel mehr
gegeben.
Sie gaben und geben uns viel
Herzlichkeit,
trugen und tragen uns auf ihren
Schultern meilenweit.

Sie sind da, wenn andere gehen,
handeln an uns wie gute Feen,
statt Geld geben sie uns Würde,
für Reiche ist dies oft eine Bürde.

Oft ist man reich und doch so arm,
kennt beim Geld scheffeln fast
keine Scham.
Wünschenswert wäre ein Umdenken,
zum Beispiel an Arme Geld verschenken.

Wir sollten viel mehr miteinander teilen.
Damit meine ich nicht nur das Geld,
sondern Menschlichkeit, Glaube, Liebe,
Hoffnung,
so das wir alle in Frieden leben können,
in dieser Welt.

Die Schönheiten der Natur

Heute will ich, von den Schönheiten der
Natur schwärmen
und hoffe, das ein oder andere Herz,
einschließlich mir zu erwärmen.
Nehmen wir uns die Zeit, einmal genau
hinzuschauen,
egal ob ihr Männer seid oder Frauen.

Sprechen möchte ich von einigen
Sachen,
die meine Seele gut taten und mein
Herz brachten zum Lachen.
Vögel die extra für mich und euch ein
Lied singen.
Frösche die von einem Seerosenblatt
zum andern springen.
Hunde, die dich so treu anschauen,
das du weißt ihnen kannst du vertrauen.
Kaninchen wollen nicht in den Zauberhut,
spüren, wie alle Tiere unsere Resignation
und machen uns mit ihren
Ablenkungsmanövern wieder Mut.

Bienen und Hummel die für unseren
Geschmack arbeiten,
sie lassen sich vom kühlen
Windhauch leiten.
Auch Pferde können unsere Seelenkraft
wieder stärker machen,
lassen das leidenschaftliche Feuer wieder
in uns erwachen.
Das geknickte Rohr wird er nicht
zerbrechen,
er will und wird sich nicht an uns rächen.
Den glimmenden Docht löscht er
nicht aus.
Also nichts wie raus
in Natur und Garten.
Dort wo noch viel mehr Schönheiten
entdeckt werden wollen und auf uns
warten.
Denn es gibt noch so viel mehr zu sehen,
wir lernen vielleicht dadurch, besser mit
uns und unseren Mitmenschen
umzugehen.

Die Waagschale

Oft bleiben wir viel zu lange, beim
negativen stehen,
gutes und schönes wird leicht übersehen.
Das negative ist bei uns zu präsent,
dadurch man sein Glück kaum noch
erkennt.

Wenn wir uns eine Waagschale
betrachten,
sollten wir öfters auf beide Seiten achten.
Obwohl die Seite, mit dem guten bis fast
zur Erde hängt,
wird dem negativen mehr
Aufmerksamkeit geschenkt.

Ich wünsche euch, mir und allen,
das wir wieder lernen, mehr das gute
zu schätzen.
Das wird uns noch mehr gefallen,
als das wir uns immer am gleichen
negativen verletzen.

Selbstverständlich?

Vieles nehmen wir für
selbstverständlich hin,
sehen oft nicht deren Sinn.
Gott ich danke dir,
das ich höre und sehe,
das ich dein Wort verstehe.

Gott ich danke dir,
das ich laufen kann und sprechen,
weder die Sonne am Tag noch der Mond
des Nachts
wird mich stechen.

Gott ich danke dir,
für meine Mama, alle Freunde und ihren
großen Herzen,
auch danke ich die für manch
erlittenen Schmerzen.

Diese haben mich stärker gemacht,
du gabst in Glück und Leid auf mich acht.
Für den Frieden danke ich dir, den ich
erleben darf
und das ich noch nie das Handtuch warf
und nie werfen werde
trotz allen Prüfungen auf dieser Erde.

Du fängst mich wieder auf,
gestaltest meinen Lebenslauf.
Ich falle nie tiefer als in Gottes Hand,
dafür hast du mir und uns allen deine
Engel gesandt.

Ein Zeichen

Regen fällt vom Himmel,
es scheint als Gott weint,
doch ich schau genauer hin,
jeder Tropfen ergibt einen Sinn

Sobald die Tropfen eine Pfütze füllen,
nachdem ich sie gezählt habe im stillen.
Geschieht, wenn wir es genau
betrachten.

und weiter auf jeden einzelnen achten,
trifft unsere Sinne und bewegt das Bein
und wir fühlen unser aller Sein.

Je stärker der Tropfen aufprallt
desto weiter spritzt das Wasser.
Diese Reichweite lässt keinen kalt,
zeigt uns wie wir uns alle erreichen
und setzen mit unsren Herzen, Texten
und Büchern
ein würdevolles, menschliches Zeichen.

Nur so eine Idee

Wie oft wird auf dieser Welt ein Tier
gequält, geschlagen?
Dabei stellt sich für mich eine Frage der
Fragen.
Wen unsere Zeit auf Erden abgelaufen,
werden die Tiere und unsre Reue
abkaufen?

Was wenn die Tiere uns dann das
gleiche antun?
Sind wir dagegen wirklich immun?
Ich meine die Menschen die auf Erden
böse sind zu Tieren
Werden sie dann ihre angebliche Stärke
und Dominanz verlieren?

Gott schuf den Menschen nach den

Tieren,
wollte er vielleicht für uns ein Exempel
statuieren,
das wir dies als Warnung verstehen,
das alle Geschöpfe sei es Tier oder
Mensch gemeinsam den Weg gehen.

Ich habe euch meine Schöpfung
 gegeben,
auf der darf jeder sein Leben leben,
bebaut und bewahrt sie wie ich euch
geraten,
Dann blühen Würde und Menschlichkeit
in meinen, euren, unsren Garten.

Wetterphänomene

Will vielleicht das Wetter uns bestrafen.
Wer kann bei dieser Hitze schon
schlafen?
Egal of Fenster auf oder zu,
wir kommen einfach nicht zur Ruh.

Wir spüren, wie die Spannung in der
Luft steigt
und hoffen sehr, das sich bei uns kein
Unwetter zeigt.
Denn Blitze, Donnergrollen, wollen
wir nicht,
lieber ein bißchen Regen und nicht allzu
gleißendes Licht.

Doch hält das Wetter uns auch schönes bereit,
den Bund, den Gott schloß mit Noah, für alle Zeit.
Saat, Hitze und Frost sollen immer bestehen,
als Zeichen dafür werdet ihr den Regebogen sehen.

Auch kann man das Wetter mit manchen Leben vergleichen,
als Beispiele sollten die folgenden reichen:
Manchmal sind wir,wie ein Faß, kurz vorm überlaufen
und ich meine damit nicht die Taufen.

Auch stehen wir mal unter Spannung sehr extrem,
da wäre eine Abkühlung wiederum sehr angenehm.
Wenn wir uns freuen ist dies sonnengleich,
das kann jeder ob arm oder reich.

Der Regenbogen schon erwähnt im Text weiter oben,
zeigt uns die Vielfalt aller Geschöpfe durchstreift mit seinen bunten,
kräftigen Farben alle Köpfe.

Auch Vorurteile werden dadurch nichtig
den jede oder jeder, egal wo er ist,
ist wichtig.

Regenbogen

Ein Regenbogen,
überraschend aufgezogen,
sah ihn am Himmel stehen,
will auf ihn spazieren gehen

Staunend schaue ich nach oben,
er glättet in mir stürmische Wogen.
Ich träume mit offenen Augen,
versuche seine Farben in mir
aufzusaugen.

Auf die Farben,
hoffe ich in dunklen Zeiten zu zugreifen,
sie lassen mich dann in schweren Zeiten
reifen.
Sie geben mir die Hoffnung immer
wieder aufzustehen
Die Farben des Regenbogens wünsche
ich euch allen
Und hoffe wir können sie sowohl im
äußeren als auch inneren zu sehen.

Gott schenkt uns dieses prächtige
Zeichen,
mit seiner Hilfe können und dürfen wir

alles erreichen.